JN410457

손바닥 위에 지구별을 올려놓고

이진 시집

시인동네 시인선 096

이진 시집

손바닥 위에 지구별을 올려놓고

시인동네

시인의 말

가면들이 가면 뒤에서 웃고 있어.
서로를 염탐하고 있어.

내 몸으로부터 떨어져나간
비늘 언어들
수의처럼
나를 덮고 있다.

2018년 8월
이진

차례

제2부

제3부

제1부

캔

밀월은
유효기간이 딱 일 년이야
내 손바닥 안에서만 출렁거리는
너의 맛을 기대할게
약간의 씁쓸함과
알맞은 달콤함이
혓바닥을 점령하는 상상

아! 유쾌해

일회용 사랑을 꿈꾸는
너의 자유
언제나 나를 못 견디게 해
알루미늄 캔 진공의 공간에 너를 유폐시켜놓고
뜨겁게 또는 차갑게
완벽하게 조절하며 즐기는
내 유효기간 안의 사랑

룰랄라 정전

즐겁게 춤을 추다가 그대로 멈춰라!

정전이에요 TV가 꺼지고 모니터도 캄캄해지고 조용해진 냉장고, 어둠 속 팽팽해지는 귓바퀴를 타고 전기밥솥 타이머가 공회전하네요 시금치를 팽개친 더듬이 손 양초를 찾고 컴퓨터 자판을 두드리던 손가락 손전등을 찾네요

촛불이 자석처럼 가족을 끌어다 앉히네요 촛불두레밥상이 되었네요 연등처럼 피어나는 웃음 밝아서 눈빛 장난기로 반짝이고 풀벌레 소리 환하게 안겨오네요 고추불꽃을 사내애가 재빠른 손놀림으로 잘라대고 성냥팔이 계집애 성냥불을 켜대네요 시간의 고봉밥을 마주하자 절로 배부른 아이들 촛농으로 장난을 치네요 양초가 금세 울보가 되고요

전기가 쉽게 들어올 것 같진 않죠?

엄마가 두 손 맞잡아 그림자오리를 그리네요 아이들 토끼를 놀리고요 엄마는 토끼를 오리라 우기고 아이들은 오리를

토끼라고 우기네요 하얀 실크벽지 위로 뒤뚱 뒤뚱 깡충 깡충 마술벽지 연못이다가도 금방 풀밭으로 변하지요 토끼들이 함부로 풀을 뜯어먹어도 마법에 걸린 풀밭은 상처 받는 법이 없지요

시간에 발목 잡힌 엄마가 낙타를 만들어 보이자 순식간에 모래바람 자욱한 실크로드가 펼쳐지네요 수척한 제 그림자를 숨긴 외봉낙타가 사막을 다 건너오기도 전에 꿈의 고봉밥 미리 퍼먹은 아이들 꿈나라에 들고요 아침이면 아이들은 소금 심부름을 가게 될지도 모르죠

룰랄라 시간차 여행 중인 타임머신
정지된 밥솥은 타이머를 잊은 지 오래지요

가면무도회

딱지만 한 가면으로 세상을 다 가릴 거야
손바닥 위에 지구별을 올려놓을 거야
아니, 끝내기 홈런 한 방으로 너를 날려버릴 거야

가면들이 가면 뒤에서 웃고 있어
서로를 염탐하고 있어
하얀 드레스를 입고 레드카펫 위를 서성거리는
내 와인잔에 네 피가 찰랑거려
가면의 위대한 힘을 한번 느껴봐

역전의 열망으로 플로어를 돌고 있어
스포트라이트 속 화려한 춤, 그 빛을 타고 올라
꿈도 날개를 퍼덕이고 있어
팡! 팡! 팡! 플래시가 터지고
현란한 소용돌이 속에 다크호스가 떠오르고 있어

누군가 속삭였어
그렇게 어수룩한 세상일까?

변장술이 제법이군? 거울 속의 내가 빈정댔어
이젠 멈출 수가 없어!

도망칠수록 집요한 그림자가 나를 추적해 와
휙, 검은 커튼이 덮치고 있어

비누공주

세면대의 코브라를 건드리자 물이 쏟아져요
부비부비 거품드레스는
벌떼과부촌 기억 따위 말끔히 지워내지요
집주인은 고래 고래 술고랜데요
내 앞에선 자꾸 절을 하지요
여드름 왕자, 고양이세수로 내빼지만
시험만 보면 머릿속에 거품이 들끓는데요
막내는 유치원생
그 젖비린내가 싫지 않아요
도둑심보라고요?
요즘은 연하가 대세잖아요
사이를 허무는 데는 후각이 마법이지요
욕실에서 하루 종일 뭘 하냐고요?
거울과 놀지요, 나의 충직한 하녀라고 할까
거울아, 세상에서 누가 제일 예쁘니?
그야 당근, 공주님이죠
변기구멍이 메스껍다고 꾸르륵대지만
그런 것쯤 신경 쓰지 않아요

나는 거품욕조에서 자동차나 비행기가 되기도 하죠
운전대는 물론 꼬마 왕자님 차지예요
어린 왕자가 키득 키득 간지럼을 태우네요
시간의 쥐들이 나를 갉아먹고 있어요
거품인생이라 욕하진 마세요
비눗방울처럼 영롱한 시간도 있었죠
털북숭이도 좋아했냐고요?
쉿! 조용히
왕자님들이 돌아오고 있어요

시도 안 되는 째깍

콕, 콕, 콕, 콕, 외다리 초침이 온 집안을 뛰어다닌다
휘리릭 회전문처럼 돌아가는 천장
흘깃 꼬리를 엿보았던가
온몸에 좌르르르 덮쳐오는 소리들
웅크린 고슴도치로 바닥을 긴다
일제히 맞물리는 네 시의 톱니바퀴들
시도 (째깍) 못 쓰는 것이 (째깍)
째깍 째깍 째깍 째깍
틈이란 틈 입 맞춰서 요란하다
프라이팬 세상에서 계란프라이처럼
뒤집기 한판 못해내고
바닥으로 굴러떨어진 반숙 덩어리
상처도 튀겨내면 꽃이 될까
파닥이는 생각을 회로 치고 포를 떠다가
습관의 대가리마저 날려버린다
시가 쓰러진 자리에
검은 아가리 벌린 채 붉은 혀를 펄럭이는 구멍들
추락하는 것이 날개가 있다니*

꼬리잡기놀이에 지친 술래
허공에 꽂힌 제 눈알
잘못 찍힌 필름처럼 쫙 뽑아버린다

＊잉게보르크 바하만 『큰곰자리에서의 탄원』 중에서.

그래피티

나는 세상의 그늘을 채색하는 사람
방독면을 쓰고 스프레이 페인트를 휘두르다 보면
후미진 굴다리도 멋진 동굴벽화가 되죠
뒷골목 지린내 나는 전봇대엔
붉은 고추가 주렁주렁 열리고
산복도로 갈라진 시멘트 바닥엔 민들레를 피워요
"E.T가 나타났다"
아이들이 콩, 콩, 계단을 뛰어오르며 소리쳐요
무너진 담장을 따라 기차가 달려와요
그래피티 나라엔 나비처럼 가벼운 꿈들이 살죠
헐리기 직전의 X표 판잣집마다
시들지 않는 해바라기가 노랗게 웃어요
낮은 지붕 위로 기어가는
별자리 선명한 칠성무당벌레
담벼락엔 철도 모르고 피는 꽃들
누군가 밤새 내 그림에 낙서로 덧칠을 해도
금방 새로운 벽을 세워놓죠
나는 그늘을 말리는 사람

스프레이로 꿈의 알갱이들 쏟아놓으면
어디든지 날아올라 악몽을 덮어버리죠
달빛 아래 잠이 드는 그래피티 천국
푸른 안개로 번지는 꿈
어디선가 나를 부르는 목소리
터널 끝, 환한 빛이 손짓해요

---

*그래피티: 스프레이식 페인트로 벽 같은 곳에 그림을 그리는 것.

마블링

함부로 휘저을수록
더욱더 아름다운

평생을
뿌리도 없이 떠다니는 우연들

물과 기름의 세상
한바탕 뒤섞인다

젖은 도화지마다
무지갯빛 꿈을 띄워

물 위의 소금쟁이처럼
가볍게
가벼웁게

시루 속 기다림

검은 장막을 걷자 수많은 입들이 소리친다
저요! 저요!
아우성치는 입술들이 스파크를 튕긴다
쑥! 쑥!
실팍한 목청들만 뽑혀나가고
노란 얼굴들 위로
한 바가지 냉수를 뒤집어쓸 때마다
세상의 오선지에 한 음표로 얹히고 싶은
시루 속 빽빽한 꿈들
살 비린내로 허공을 떠돈다
아직 한 소절의 노래로도 엮이지 못해
맨발로 버텨온 날들
자꾸만 뒤처지는 삶
뽑히고 남겨진 자들의 목마른 대기실
둥근 시루 속엔
지친 기다림이 수북하다

젠가 게임*

사방이 낭떠러지다
쉰넷 뼈마디로 쌓아 올린 탑
시간의 벽돌 하나씩 빼낼 때마다
기억들 휘청거린다
냇가에서 종이배를 띄우는 소녀의 등 뒤로
구름물고기 맴돌고
연 꼬리 잡고
무지개 언덕으로 떠났던 술래가 돌아온다

쌓고 또 쌓아보는 生의 모서리마다
불길하게 도사린 예감
꿈의 묘혈을 파먹어대는 입들
천 개의 혓바닥을 가졌나
공작의 꿍지깃으로 눈뜨는 아르고스**

돌아보지 마라
불면의 밤은 헛바퀴만 굴리고
시든 꽃봉오리 모가지째 떨어진다

아랫돌 빼서 웃돌로 괴는
욕망의 바람 집 한 채
하늘과 땅 사이 골다공증을 앓는 영혼
제살깎기로 와르르 무너지는 순간
게임 오버!

---

*젠가 게임: 54개의 나무블록을 3개씩 18층으로 쌓아서 맨 위층 블록을 제외한 나머지 층의 블록을 하나씩 빼서 다시 맨 위에 쌓아 올리는 보드게임.
**아르고스: 그리스 신화에 나오는 온몸에 무수한 눈을 가진 괴물.

모래여자

파트너는 외다리
딱 하루만 사랑하는 하루살인데요
두껍아 두껍아 헌 집 줄게 새 집 다오
해운대 모래밭, 나는 그의 손에서 태어나는 이브지요
누가 풋사랑이라 험담하나요
나는 모래를 떠나서는 살 수 없어요
청순가련에서 글래머까지
벌써 몇 번이나 몸을 바꾼 나는요
물을 품고 더 단단해지지요
선탠 하는 나를 날파리들이 핥고 또 핥아요
누군가 머리에 꽂아준 장미꽃이 잘 어울리나요
하루치의 사랑이 식고
해가 지면 외다리는 내 곁을 떠나지요
살 냄새를 맡은 밤게들만 새까맣게 달라붙지요
고작 한 알갱이 맛보고
여자를 먹었다며 온 해변을 떠벌리고 다니지요
어머, 이 젖탱이 좀 봐
쪼끄만 계집애들이 발길질로 가슴을 뭉개고요

삐딱모자 쓴 남학생들이
소주병으로 궁둥짝에다 똥침을 놓고 가요
술에 취한 아저씨가 물미역 채찍으로 내 몸을 내리치자
별들이 총출동하고요
파도 소리를 베고 누워 울음을 삼키는데요
갑자기 발치에서 도둑파도가 밀려들어요
철썩! 발목이 잘리고 종아리가 뭉개져요
허벅지가 무너지고 가슴이 잠기면
아! 아! 나는 알알이 부서지지요
그러나 놀라진 마세요
나는 내일이면 다시 싱싱하게 태어날 테니까요
내 파트너는 외다리
그는 솜씨 좋은 모래 조각가이거든요

리모컨

쿡, 전원을 켜면
손가락 끝에서
먹고 웃고 떠들고 춤추고 노래하는 사람들
삑, 시동을 걸면
손가락 너머로
햇살과 바람을 가르며 내달리는 자동차들

무료함을 벗어나고 싶어
답답함으로부터 탈출하고 싶어
손짓 한 번이면
접신 끝

내 손가락 끝에서 놀고 있는 너
네 손바닥에서 놀고 있는 나
손가락으로
담뱃불 비벼 끄듯 너를 끄면
다시 캄캄해지는 너의 이마

>

무수히 찍히는 나의 지문
손가락을 잃어버리고
네 손바닥에서 놀고 있는

데칼코마니

문득 백지 속으로 사라진
이름 모를 새소리
백만 꽃송이
짓눌리고 으깨진다

반으로 접힌 종이를 펼치면
한 몸으로 뭉개진 소리와 빛깔들이
한순간 분리된다
축축한 꼬리를 아직도 뒤틀고 있다
피범벅 된 꽃잎들이 끈적이고 있다

시간이 시멘트처럼 굳어간다
제 몸을 지운 빛깔들
포개지고 겹쳐지며 만든 또 다른 경계
서로의 무덤에 갇힌
아름다운 감옥
나란히 한 방향을 보고 있다

건강검진 후 모니터에 찍힌 나의 폐
벌레가 뜻 모를 그림을 그려놓았다
오래전의 흔적이라 했다

수박

제왕절개로 태어난 달콤하고 붉은 생(生)

내 무덤을 내가 파고 있다
숟가락으로 파먹어 들어가는 만큼
줄어드는 삶이
등가죽에 금방 들러붙는다

말라버린 탯줄 같은 밥줄
후생까지 반짝거릴 까만 씨눈들만 남긴 채
마침내 바닥이 나고 마는 막장인생
쪽박 깨듯 부수고 싶은 빈 밥통 뒤집어엎어
머리에 쓰면

초록 줄무늬 내 모자
아직은 푸른 무덤

이면

하얀 사각의 링 위에서
한때는 승부사의 기질을 즐겼지
전면을 탕진하고서야
제가 선 곳이 벼랑임을 안 사내
푸른 잎맥의 자존심이 낙엽처럼 떨어진다

잔뜩 구겨진 채 걸어가는 뒷모습
차가운 바닥에 찍히는 실패자의 낙인
죽여도 죽여도 죽지 않는
시간이 덥수룩한 수염을 키운다

날아오르기 위해선 나를 비워야 해
다시 이면을 적어가는 거야
짓밟힌 시간만큼
더 높이 날아오를 수 있어

세상의 무관심 속으로 날아오르는
종이새 한 마리

페이스 오프

끌려온 새벽길이 흘림체 대자를 그린다
시큼한 술 냄새를 감고 누운 아버지 얼굴이 없다
간밤에 도둑이 다녀가셨는지 엄마가 악 쓰는 소리
도마 위 꽁치대가리처럼 통 통 튄다
히드라의 목을 가졌는가, 나는
엄마가 할인점에 가고 나면 물먹은 아버지 기원으로 출근한다
종일 모니터 안을 헤매다가 컵라면 위에 문자를 띄우면
잘린 목 하나 건더기처럼 떠오른다
척 보면 안다, 지하철 맞은편 사내 신문으로 가리지만
이미 도둑맞은 그의 얼굴
손잡이에 매달린 얼굴들도 럭비공 같다
어디로 튈 줄 모르는 공들이 치달려가는 지옥철
통째로 포를 뜨면 이식될까, 페이스 오프*
솜씨 좋은 기술자들 반반한 얼굴이 전문이라는데
아직 도둑맞지 않았습니까?
돌려 막기 하면 인피가면을 쓴 누군가의 낙인찍힌 얼굴
여기는 청구, 청구역입니다!

벌떡 일어서는 내 발등으로 사방에서 떨어지는
휴대폰 소리, 구겨진 안면을 반듯이 세워본다
오늘도 나는 나를 찾지 못한 채 면목 없고
쨍그랑! 엄마의 얼음거울이 깨어진다 바닥에 떨어져서도
엄마의 눈이 반짝! 크리스마스트리처럼 켜지고 있다
봄이 오면, 다시 찾을까
내 얼굴 내가 못 알아보게 될지도 몰라

---

*페이스 오프: 오우삼 감독의 영화.

모래편지

하루를 접어 현관에 부려놓은 그의 신발을
거꾸로 털면
놀란 모래가 한 움큼 쏟아진다
그때 나는 읽는다, 모래들의 비밀 통신!
그가 하염없이 띄워 보내는 모래편지를
입이 무거운 그는
바다와 종일 무슨 얘기를 나누는지
괜찮다 괜찮다 괜찮다*
울먹이는 그를 파도가 수천 번 쓰다듬어주는지
모래의 말들이 내 가슴에서도 버석거린다
세상 말[馬]처럼 뛰어다녀도
그의 침묵은 바다 속 모래로 가라앉기만 하는가
차마 부치지 못한 얘기라도 더 있는지
구겨진 옷 솔기를 뒤집어보면
단단히 품고 온 모래알들
아직도 부화되지 못한 사연이 얼마나 될까
명사산(鳴沙山) 저쪽인 듯
이명처럼 울음소리가 들린다

미처 다 읽어내지 못한 소금기 머금은 편지가
손가락 사이로 흘러내린다
그의 편지를 오래 간직할 수 있게
나는 튼튼한 모래주머니를 만들기로 했다

---

*서정주, 「내리는 눈발 속에서는」에서.

사랑니

입 벌린 와인잔 속에 아이의 젖니가 담겨 있다
까까 먹고, 벌레 먹은
부화되지 못한 꿈들이 투명한 유리 속에 갇혀 있다
꼬물꼬물 기어 다니는 상아질 기억들
내게도 이빨이 위안이 되던 시절이 있었다

홀로그램 같은 사랑이
하얀 징검돌을 딛고 내게로 오기까지
잇몸을 뚫고 솟아오르던 좁쌀젖니
유치가 빠진 자리에
미운 일곱 살로 솟아오르는 송곳니, 어금니들
피아노 건반처럼 가지런히 입 안을 온통 차지하면
아이도 사랑니를 앓을 것이다

교정기를 끼고 웃는 너의 얼굴 너머로
우리는 그렇게 누군가의 부러운 사랑니였다
사랑을 품게 되면서
욱신거리는 통증을 어금니로 지긋이 누르듯

누군들 첫사랑의 통증을 견뎌내야 한다

뿌리까지 솟구쳐 올라 흔들리며 앓던 사랑니
뽑힌 자국을 남기면서
무너진 잇몸 깊숙한 곳에서 솟아오르던 아린 슬픔
입 안 홍건히 그리움으로 괴어
버릇처럼 혀끝으로 더듬더듬 빈자리를 확인하는 날들

이제 내 입속에는 사랑니가 없다

샌드 애니메이션

세상이 춤을 춘다 라이트박스 위로
흩뿌리는 모래를 따라 산이 일어서고 강이 흐른다
은빛 바다가 출렁인다
손가락 붓 슬쩍 지날 때마다
꿈틀대는 이야기가 끝없는 길 위로 펼쳐진다
나무그늘에 앉은 긴 머리 소녀 앞으로
꽃이 피고 꽃이 지고 새 한 마리 날아오른다
새털구름이 언뜻 펼쳐 보이는 LOVE
쌓았다 부숴버리는 모래성
캔버스가 지워지고 어둠이 깔린다
거침없이 달려오는 말
둥근 달이 태아를 품고 있다
빛과 어둠 사이로
수묵화처럼 번져나가는 모래 이야기
꼭 그러쥐면 쥘수록 흘러내리는 모래 나라
순식간에 일어서고 순식간에 스러진다
어느새 모래 마당에는
영화 속 자막처럼 THE END

가로등 불빛 아래 난데없는 고양이 한 마리가 달아나고
허공에는 취한 별들이 찬란하다

파밭에서

한낮의 연병장
철모를 쓰고, 대검을 꽂고
하늘을 찌를 듯
푸른 제복들 도열해 있다

돌격 명령을 기다리며
결의를 다지며

들끓는 정적을
있는 힘껏 다독이고 있다

시퍼렇게 도열한 창검 위로
흰 나비 한 마리
공중비행하고 있다

제2부

갈치

죽어서야 한번 제대로 펼칠 수 있는 검(劍)이 있다

모서리도 흉기가 될 수 있다

문예학 강의가 머리에 들지 않는다
교수님 가슴에 수놓인 노란 은행잎만
칠판을 가로질러 팔랑거릴 뿐
끼리끼리 의미 있는 눈짓을 나누지만
누구도 일을 저지르지 못한다
우리는 이미 모서리째 닳아버린 것일까
「능구렁이 울음소리」란 시를 함께 읽는데
대나무 끝에 매달린 능구렁이가 나를 내려다보고 있다
몇 번 우듬지를 흔들더니 어느새
가랑이 사이로 스스스 지나간다
누런 능구렁이가 능수능란하게 휘젓고 다니는 강의실
아슬아슬하게 수업이 끝나고

저녁이 벌써 반이나 지나가는데
홍당무도 없는 '홍당무 카페'에 앉아
반주로 주문한 가을 한 접시를 기다리며
잡담을 안주 삼아 생맥주를 마신다
아내가 첫애를 낳던 날

고통을 덜어주려고 시를 읽어주자
느닷없이 날아온 시집 모서리에 얻어맞았다는 L시인
맞은편의 소설가가
두꺼운 소설책으로 맞지 않은 게 얼마나 다행이냐고 맞장구 쳐서
또 폭소가 터진다
네모난 돌이 시냇물에 구르고 깎이어 둥근 돌이 되어야
비로소 알 수 있는
그 산통까지 안주거리가 되는
아이를 낳아보지 않은 영원한 아들들과 함께
물색없는 모서리도 흉기가 될 수 있음을 깨닫는
시월의 마지막 밤
아쉽게 깊어만 가고

냉장고 사내

잠들면 떠메고 가도 모르는 집채만 한 몸뚱이
그는 한 기의 무덤처럼 덤덤하다
뱃구레만 채워놓으면 세상은 만사형통이다
학교로 유아원으로 아이들을 내보내고 아내도 마트로 출근하면
그때부터 그는 잠의 바다로 출항한다
출렁이는 뱃속은 먹이사슬의 대합실
프로크루스테스의 침대처럼 발치에는 발목 잘린 식물성이
머리맡은 머리 잘린 동물성 차지다
삼겹살, 고등어, 꽃게, 닭볶음탕, 잡채, 비름나물, 해물탕
한바탕 뜨겁다가 식어버린 것들까지 영역을 다투고
미식가인 사내는 잠 속에서도 연신 입맛을 다신다
날 좀 보소! 휴대폰 소리가 요란하게 꿈의 행성을 폭파하면
철커덕! 유아원 다녀온 사내아이가 아이스크림에 목매고
초등학생 딸이 딸기우유를 꺼내 들고 모니터 속으로 사라진다
아내가 유통기한 지난 먹거리를 다시 채워 넣을 때까지
심장에 빨간 불이 켜지도록 그는 어미 새처럼 제 속을 내

어준다

제 목줄을 가족들이 쥐고 있다는 것을 사내는 안다
드라이아이스처럼 기어 나오는 새벽녘의 울음소리
탯줄 같은 투석기를 등 뒤로 감춘 채
자신의 관 속에서 서서히 부패하는 사내,
쿵! 무너지는 순간까지
그는 결코 등 돌리는 법 없이
오늘도 아침이 그득한 한 집의 식탁을 피워낸다

평행선 사이의 거리

촘촘한 마룻바닥이 비명처럼 솟아오른다 소통을 잃어버린 간격이 숨통을 조여 온다 무성한 그늘꽃 피가 돌지 않는 나무 군데군데 날카로운 못 자국을 드러내며 상처가 사납게 일어선다 틀에 맞춰 머리와 발목이 잘려나간 나무들 제 상처에 겨운지 푸른 피의 기억 아직 마르지 않고 다스려지지 않아 평행선으로 누웠어도 서로 어깨를 겨루고 버팅기고 있다

부러진 가지들 덧날까 봐 상처도 예쁜 옹이무늬가 되어 서로에게 기대며 숲이 되던 시절 이제 먼지만 나뒹구는 마루 위로 어디선가 생나무 냄새 번져오는 아침 습관의 벽이 벽을 물고 도미노처럼 무너진다 가만히 손을 뻗어본다 함께 나란히 서면 시들지 않는 거리 그 거리가 싱그럽다 다시 피가 도는 마룻바닥 위로 봄 햇살이 가지런히 미끄럼을 타고 있다

껍질경전

태풍에 발목 부러진 소나무 한 그루
생의 끈을 놓지 않고 와불처럼 누워 있다
껍데기는 가라* 누가 그랬던가
제 속살 다 빼앗겨버린 채 껍질만으로
가까스로 땅속 뿌리 한 가닥 잡고 있다

나이테 잃은 소나무 제 나이도 잊고
상처 위에 켜켜이 상처를 쌓아
두툼해진 접목
줄기도 껍질도 아닌 껍질줄기가 되었다

껍데기에 매달린 생의 내력이 저 와불에 새겨져 있다
길게 펼친 껍질경전을
오며 가며 사람들이 읽는다
거친 흘림체로 쓰인 끈질긴 목숨

죽어서 다시 사는 나무가 있다

---

* 신동엽 시인의 시 인용.

무당거미

낡은 상가 출입문 옆, 허공을 움켜잡아 그물옷 뜬다
의자에 앉기만 하면 여덟 개가 되는 다리
세찬 바람에 등 떠밀리면 또 한 번의 번지점프로
삶의 계단을 한 칸 더 올라설 수 있을지
실타래가 빠르게 풀려나올수록 한숨도 풀어진다
땅거미 내리면 허망한 마음에 촘촘한 그물코를 놓치기도 하고
잘못 풀리기 시작한 올 걷잡을 수 없지만
구멍이 구멍을 새끼 쳐서 지어내는 거미줄 같은 옷들
구멍 난 하루를 메워준다
그물코 사이로 아이들 유년이 지나가고
무당서방의 바람기도 지나간다
어쩌다 그 구멍들 사이로 밤하늘을 올려다보면
바늘 투망질에 걸려든 별들 나비처럼 파닥이고 있다

불침번처럼, 잔뜩 움츠린 채 뜨는 하얀 볼레로
누군가의 어깨에 따뜻한 손목처럼 얹힐 날개옷에
남몰래 비원(悲願)을 무늬뜨기 한다

몇 번의 곤두박질로 바늘을 꺾은 적도 있었지만
끈적이는 거미줄을 감고 치마꼬리를 놓지 않는 아이들
출입문에 덧댄 한 평 가게에서
가까스로 낙법을 익혀 거미집 가득 채운 손뜨개방
구멍 뚫린 그물을 손질하다
투명한 유리 너머로 얼씬거리는 그림자를 보면
날개의 주인공을 귀신같이 점지하는
제 굿은 못해도 이젠 반 무당
아직도 구멍 난 생계를 뜨개질하고 있다

갇힌 말

견고한 이빨들이 성문(聲門)을 지키고 있다
캄캄한 동굴을 헤매는 말들
천장으로 날아오르다가 추락한다
혓바닥 위에 무수한 바늘이 돋고
실어증을 앓는 꽃
비밀의 꽃들이 금고 속에 피어 있다

빗장으로 도배된 벽 앞에 서면
혀가 타들어간다
소리무덤엔 냄새나는 거미줄만 가득해
날뛰는 말의 고삐를 잡고 신음할 때
임금님 귀는 당나귀 귀
쩍쩍 벽에 금 가는 소리 들린다

나무 실핏줄 기어가는 벽지 위로
천 개의 푸른 귀들이 쫑긋거리고 있다
틈새를 가진 비밀은 더 이상 꽃이 아니다
소리하마가 집어삼켰던 소리들을 모조리 토해내고

메아리가 벽에서 벽으로 날아다닌다

갈기 휘날리며 유목으로 떠도는 말
거품 가득한 말들이
수시로 사막을 들락거린다
천의 얼굴을 가진 말이여
언젠가는 그 변검술에 걸려들 것이다

살아야 하므로
가끔씩 수많은 말들 위에 안장처럼 침묵이 얹힌다

나방의 꿈

무작정 모깃불에 달려든다

한 번도 뜨거운 중심을 관통하지 못했으니

거추장스러운 날개 태워버려도 좋으리

대낮을 짖다

개목걸이로 채운
대낮

노란 페인트칠 벗겨진 철제대문 안
쭈그린 개밥그릇 앞에
한낮의 햇살이 배를 깔고
엎드려 있다

골목길을 오르는 발자국 소리에
바짝 귀를 세우면
먼 하늘로 발돋움하는
낮달 한 척

먹먹한 고요가
살아서 출렁거린다

꿈꾸는 미라

조도를 낮춘 조명등이 조등처럼 걸려 있는 전시장
몇천 년 전 생의 터널을 빠져나온 주검 하나가
방부 처리된 채 아마포에 싸여 있다
가슴에는 푸른 쇠똥구리 부적, 부활을 꿈꾸는
기름기 자르르 흐르는 저 수천 년의 시간이
마법처럼 풀리길 기다리는 것일까
엑스레이 촬영으로 밝혀진 이집트 성인 여자
염장된 심장과 쇠똥구리 부적
모래와 톱밥과 아마포가 떠받치고 있다
어떤 심판을 받았길래 그녀는
시간과 공간을 넘어 여기까지 오게 된 것일까
잠자는 백설 공주처럼 백마 탄 왕자의 키스라도 기다리는 것일까
조문객이 아닌 관람객이 되어 내려다보는 내게
그녀의 허물이 조용히 말을 걸어온다
넓적다리에 가지런히 올려놓은 두 손의 간절함이 느껴지고
가슴에 손을 얹으면 쿵 쿵 심장 뛰는 소리가
들려올 것 같아 나는 몇 시간째 그녀 옆을 맴돌지만

여덟 귀를 가진 별장식, 여덟 군데를 묶은 매듭
그 숫자의 비밀을 끝내 풀지 못한다
썩지 않을 그녀의 꿈 열지 못한다

---

* 이집트인들에게 쇠똥구리는 죽은 뒤의 생존을 나타내며 스스로를 부활시키는 능력이 있다고 믿었다. 그들은 미라를 만들 때 내장기관 중 유일하게 심장을 제거하지 않았으며, 이마에는 여덟 귀를 가진 별장식을 박아놓기도 하였다. 쇠똥구리는 미라의 여러 곳에서 발견된다. 특히 심장쇠똥구리는 죽은 자의 내장기관을 지키는 역할을 한다.

붉고 둥근 행성들

소백산 끝자락, 먼 비행을 준비하는 행성들
상큼한 향기와 새소리 둥글게 탑재한 채
낙동강 활주로를 타고 푸른 하늘로 이륙한다

에덴동산, 뱀의 혓바닥에 기착한 붉은 유혹
달콤한 빗장을 열어젖힌 금단의 열매
선과 악의 굴레 속 끝없는 욕망이 공전한다

신들의 세계엔 질투의 행성이 좌충우돌
양치기 파리스의 선택은 트로이의 전쟁을 불러오고
지구의 중력에 이끌려 불시착한 만유인력의 법칙
잘 익은 행성에 골몰한 뉴턴이 발견했다

해독 불가능한 에니그마 암호를 풀어낸 뒤
한 알의 독한 사과와 목숨을 바꾼
천재수학자 앨런 튜닝
스스로 삼킨 독은 해독해내지 못한 채
튜닝머신을 타고 전설처럼 우주를 떠돌고 있을까

한입 베어 문 사과 한 알을 훔쳐
거대한 부를 적재한 채 둥근 세상에 안착한 애플행성
아직도 잡스의 이빨 자국이 선명하다

붉고 둥근 꿈의 행성들
에덴에서 예천까지 잇는 무궁무진한 항로
새콤달콤 잘생긴 예천사과, 그 치명적 유혹
시공간을 뛰어넘어 입에서 입으로 전해진다

까칠까칠한 그녀들

온 동네 비밀의 빗장이 활짝 열렸나
데모하듯 복사꽃이 피어난다
뭇 생명들의 수작에 술렁이는 도원
부산한 가지마다 꽃자리가 은밀해진다
치맛자락에 붉은 꽃이 비치던 날
꽃을 버리고 푸른 별이 된 소녀들
잔소리 같은 새소리 배꼽에 쟁이는
복숭아밭엔 꽃뱀들이 혓바닥을 날름대며
입덧 까칠한 그녀들을 유혹한다
태풍의 멱살잡이에 유산이 된 열매들
바람살에 접 붙은 뜬소문이 남긴 상처다
끝까지 탯줄을 감고 버틴 물오른 달덩이들
빛의 지문 촘촘히 새겨 넣은 복숭아
깐깐한 입맛까지 단번에 사로잡아 버릴
달큼한 향기 속살에 아로새기는 새벽녘
소나기가 혀 짧은 소리로 치근댄 뒤
발그레한 젖가슴 숨긴 종이고깔 브래지어들
소녀들, 어느새

새침한 숙녀가 되어버렸나

꽃 시절 제 몸속에 신전 들인 그녀들
다음 생을 위해
까칠까칠 달콤한 알몸 송두리째 내어준다

물방울화석

치흔 하나
손자국 하나 없이
지나간 소나기의 흔적
그 비로 온 몸이 흠뻑 젖으
면서 너를 알아차린 번개가
서늘하게 찍어놓은 인장
억만년 동안 내 안에
살아있는 너

달팽이관이 불안하다

무심코 던지는 말들이 징검다리가 된다
내가 건너갈 수 없는
돌과 돌 사이에서 가라앉는 말들
그 간격이 힘에 부칠 때도 있다
네가 뒤통수를 후려치면서 나의 달팽이관을 점령한다
드릴로 귀와 귀 사이에 터널을 뚫는다
소리가 소리를 집어삼켜
소리 속에서도 소리를 들을 수 없다
누가 이 소리의 블랙박스를 해독해 주었으면
종일 되새김질로 짓는 말의 감옥
달팽이집을 내려놓기로 작정한다
달팽이관은 지금 청소 중

하늘막장

18mm 밥줄로 허리를 묶은
한 사내가 빌딩 외벽에 매미처럼 달라붙어 있다
바람에 철렁, 공중의자가 춤을 춰도
온몸으로 허공을 버티며 창문을 닦는 사내 앞에는
세상 문이 굳게 닫혀 있다

발밑의 아찔한 블랙홀!
담뱃갑 차들이 흩어진다
거울에 비친 제 몰골에 그만 줄을 놓고 싶지만
꿀꺽, 팽팽한 불안을 삼키는 사내
건물이 높을수록 정비례하는 목숨
벌써 몇 번의 껍질을 벗었는지 모른다

하늘막장, 외줄에 매달린 굼벵이의 삶
공중제비로 떨어지면
벼랑에 못 박아 먹빛 집 한 채 지을 수 있을까

비가 내리면

허연 연기 도넛 너머로 씁쓸히 닦이는 걸레인생
비 그치자,
세상 문이 열린다

벽에 매달린 저 매미 허물
막장노래 제 몸에 새긴 사내의 거푸집인지도 모른다

유리벽

유리나무에 마음을 빼앗겼나
유리창에 부딪쳐 떨어진 참새 한 마리
하늘은 저물어 오는데
손바닥관 속에 누워 있다

따스한 눈빛 주사를 놓아보다가
수의(手衣) 덮어주며 기도한다
유리담장을 넘보던 작은 새
침묵의 노래가 접힌 날개 사이로 날아다닌다

어느 순간 온기가 도는 손바닥봉분
식어가던 체온을 이겨냈나
멍든 새가슴이 희미하게 뛰고 있다
봉분을 살짝 들어 창을 낸다
창틈으로 딱! 마주친 맑은 눈동자

부리로 봉분을 쪼아대더니
야생의 날개를 파닥이며 꼬리를 치켜든다

손아귀 지옥을 박차고
핏빛 하늘로 날아가는 부활의 새

다시는 허방에 빠지지 말거라
칼날을 품은 유리벽 너머
또 다른 생(生)이 유혹하고 있다

손이 길을 말한다

겨우내 곱았던 손이 풀리자
내 손아귀를 빠져나온 손금 같은 길들
그 위로 봄이 펼쳐진다

무작정 황톳길을 걷다가
헛발을 내딛거나
돌부리에 채여 헛손질을 하다 보면
어느새 길은 지워지고
실핏줄처럼 엉기는 발걸음

한 길 가는 것은
모든 길을 버리는 것

길을 버렸을 때 비로소 길이 보이고
올라야 할 오르막길 마디마디
굳은살 박인 손길처럼 길들여진다

갈라터진 손등마다 움트는 봄꽃들

그릇은 그릇을 안다

마음에 드는 그릇 하나 찾아 헤맨다
소문을 듣고 부리나케 달려가면
그릇은 그냥 그릇일 뿐
모처럼 큰 그릇을 발견하고
두근거리는 가슴으로 두드려보면
틱 틱 소리가 나는 그릇은
보이지 않게 금이 가 있다
현란한 색깔과 무늬로 치장한 그릇을 보면
제 자신도 주체할 수 없는
공허함만 얼룩이 진다
그릇이 주인을 단번에 알아보듯이
큰 그릇을 만나면 가슴이 뛴다
소꿉놀이하다가 보물처럼 흙벽 틈에 숨겨놓은
사금파리 조각 자꾸만 커지듯이
사람마다 꿈의 그릇이 있다
꽉 끼는 옷이 불편하듯
제 그릇보다 작은 그릇에는 담길 수 없다

엿장수

애들은 가라
애들은 가라

장터 한복판 술렁이게 하는 약장수 소리
목청 큰 사람이 허공을 주름잡고
엿판 주위에서 쫓겨난 아이들
젊은 시골 아낙이 엿가락처럼 서 있다

세상에서 비켜선 엿장수 할아버지의 백발이 세월을 토막내며 넉넉하게 웃음으로 나부낀다

제3부

화석

영원을 사는 생이라 할지라도
단잠의 유혹을 떨치고
너는 돌 속으로부터 벗어나야 한다
지금은 더듬이를 세우고
더듬어 더듬어 벽을 뚫고 가야 할 시간
앞을 가로막는 것이
비록 캄캄한 절벽이라 하더라도
닫힌 문을 열고
천 천 히
잠 밖으로 나와야 한다
너의 미덕이 기다림이라 할지라도

나는 날마다 뱀을 낳는다

언제부터인가 몸속 배관들이 녹슬기 시작했다
십 년 동안 앓아온 갑상선기능항진증
약의 독성 때문에 식도가 헐고
새벽이면 대가리 치켜든 뱀이 위장을 공격했다
한 마리면서 열 마리인 뱀
꼬리에 꼬리를 물고 서로를 놓아주지 않는다
입에서 또 하나의 입까지 관통하는
뱀들은 혓바닥을 날름거리며
목구멍에다 불쑥 대가리를 들이밀기도 하고
위장에 똬리를 틀었다가도
구불구불 소장, 대장을 타고 넘어 괄약근을 공략한다
절망이 여기저기 돌탑처럼 쌓여 소통을 막고
세상이 바뀌어도 그것을 넘어서지 못한다

몽롱한 컴퓨터 화면 속
대장(大腸)장이가 내시경 올가미로 용종을 처형한다
형장의 이슬로 사라지는 뱀을 눈으로 확인하고서야
잠의 늪으로 빠져든다

립스틱을 바르듯 꿈의 좌욕을 하면
또 하나의 입이 배시시 웃는다

나는 날마다 뱀을 낳는다

인어 낚시

옥상에서 낚싯대를 손질하다가 고압선에 감전사한 사내
고해 속 인어(人魚)라도 낚을 참이었을까

어둠이 그물로 깔리는 산동네
물때를 보며 사내가 개미목을 지키고 있다
지느러미 늘인 사람들 골목을 거슬러 오르다가
불쑥 입질하듯 어이 김씨!
어이 박씨! 건성으로 대답하면
사내 머릿속은 온통 대어(大漁)로 흥건하다
가로등이 등대처럼 은빛 바다를 풀어놓으면
한 척 옥탑배로 출렁이며 전방위 낚시를 즐기는 사내
낚싯대를 던지자, 팽팽한 남해 어신(魚信)이 발치까지 달려
오고
조금만 뱃머리를 틀면
펄떡거리는 동해가 허벅지까지 차오른다
검은 바다에 아랫도리조차 내어준 낚시는 끝도 없어
하늘 열며 안겨오는 별빛 찌들!
깜박 손을 놓친 사내의 옥탑 아래로

파닥파닥 네온물고기들 그득하다

물고기 비늘처럼 떨어져 나간 사람들
짭조름한 비린내만 병든 사내 곁을 맴돌았다
한평생 바다를 벗어나지 못해
낚싯배 빌리듯 옥탑방에 세 든 사내
언뜻 고래를 보았던 걸까
뜬금없이 맞은편 기와지붕에다 낚싯대를 던지곤 했었는데
그때마다 그가 뭘 잡았는지는 아무도 몰라
떠도는 소문에는 실직하고 버림받은 기러기 아빠
하루에도 몇 번씩 스스로를 낚았을까
낚싯대로 전해지는 짜릿한 몸부림이 살맛나는 유혹이었을까

조력(釣歷) 삼십 년, 너울파도에도 살아남았던 사내
월척의 들뜬 꿈에 제 목덜미를 꿰인
인어 한 마리가 대물(大物)처럼 전선에 매달려 있다

분재소나무

철삿줄에 칭칭 감긴 소나무 한 그루
비틀린 하늘 향해 시퍼런 독침을 겨누고 있다
매화꽃 선명한 백자 화분 속
전족 당한 발등과 휘어진 등뼈 사이
터질 듯이 잼여 있는 분노

활시위를 잡은 듯
송곳처럼 뾰족한 잎들을 피워 들고
한 움큼 억눌린 마음이 돌밭을 디디고 섰다

그 가지 끝에 매달려 솔방울 하나
핏빛으로 바라보는
저 응시의 눈망울

팽이

채찍으로 때려다오
돌고 돌아야만 설 수 있는 세상
나는 돌고 싶다
잠시라도 멈추면
바닥으로 나동그라질 뿐
성질 사나운 주인의 노예가 되어서
맞으면 맞을수록 아프게 각인되는 속도의 미덕
흙바닥이거나
시멘트 바닥이거나
빙판이거나
시린 발목을 박아놓고
한순간도 멈추지 않고 꼿꼿이 서 있고 싶다
녹슬고 싶지 않은 생이므로

공중 시계

천정을 지렛대 삼아 시곗바늘이 하늘을 돌리고 있다

시계는 묶인 발이 서러웠나 보다
여행객을 배웅하고 맞이하면서
우두커니 벽에 붙박여 있거나 끔벅이는 전광판으로
서 있기가 지겨웠나 보다

시계가 공중에서 기차를 돌리고 있다
경부선, 호남선, 전라선, 장항선이
시계의 명령에 맞춰 출발하고 도착한다
KTX, 새마을, 무궁화, 통일호의 순번이
순 엉터리라며 투덜거리다가
통일호, 무궁화, 새마을, KTX의 순서로
거꾸로 출발 명령을 내린다

역 그릴에서 공중을 올려다보면
별 대신에 시간을 딸 수 있다
거대한 원반처럼 머리 위로 덮쳐오는 시간

붉은 초침은 맨 밑바닥에서 초조하게 뛰어다니지만
겨우 한 칸 분침을 옮겨놓을 뿐이다
분주히 돌고 돌아서 분침이 12와 접속하는 순간
팡파르가 터지면서 거만한 시침이
딱 한 걸음 옮겨놓는다

그렇구나! 피라미드로 쌓인 저 시간 세상
녹초가 된 초침을 밟고 분침이 분단장하고
분침을 밟고 시침이 시치미 딱 떼는 것을

바늘이 돌려대는 서울역 하늘을 보면
별 대신에 시간을 딸 수 있다

뿌리 잃은 집

딱지 한 장으로
제 문패를 내어주고
집들이 일제히 뿌리 뽑혀버렸다
빈 번지에 주렁주렁
수세미처럼 매달린 동거인들
팔려간 주소 때문에
허방의 주민등록증을 갖게 되었다
터널의 칸칸마다
비닐로 제 살을 감고 사람들이 살고 있다
비가 오면 천둥 소리 뒤에 숨어
뽑힌 뿌리를 하늘로 내밀며 운다
권 대위라 불리는 팔십 상이용사
시(詩)가 잘린 시인 지망생
남겨진 어린 손자를 씨앗처럼 거두는 할머니
모두 빈 번지에 매달려
거친 덩굴처럼 서로 얽혀 있다
번지가 없어져도
파꽃은 칼꽃으로 피었다 지고

길가에 늘어서서 옥수수 바람 수런거린다
버스가 지나가도
팔려나간 번지에는 멈춰 서지 않는다
집배원도 지나쳐버리는 번지 없는 집터
노란 달맞이꽃 주인 혼자 지킨다

무진장 김밥

바람의 뱃속에서 푸른 바다가 울음을 그쳤어요
납작해진 바다 한 장이
무궁무진을 담아내고 있네요

햇살과 비바람에 살 비비던 벼이삭들
농부의 땀방울을 먹고 하얀 쌀밥이 되지요
음매— 소떼가 지나가고
무, 시금치 밭에 엎드린 고요
아득히 병아리들 날갯짓 소리
바다를 끌고 온 꽃게가
집게발로 집어 올린 갯내음
돌돌 말아 넣은
주근깨투성이 무진장 김밥
한입 크게 베어 물면
납작 숨어 있던 엄마의 손맛
내 혀를 춤추게 하지요

무한한 바다가 돌돌 말고 있던

엄마의 사랑

푸른 바다 한 장이면 못해낼 일이 없지요

대출받은 봄

봉고차가 자루처럼 부려놓은 할머니들이 사라진다
하우스 안에는 고추가 한창이다
한나절 박스가 쌓이면
중국집 오토바이가 요란하게 달려온다
자장면 한 그릇씩 말끔히 비운 뒤에
커피로 입가심을 하고 빼어 무는 담배 한 개비
비닐하우스 안이 연기로 그득하다
보증이 보증을 낳아
체인처럼 얽혀 돌아가는 연대의 올가미 속에서도
고추는 이자만큼 잘 자란다
바닥에 구겨진 지역신문엔
영농후계자 김민구가 야반도주했다는 짤막한 기사
그래도 까막눈일 뿐인 비닐하우스 안은
빌려온 봄이 한창이다

외딴집

무심한 발길이 호숫가를 따라 돌면
조안면 능내길 끝나는 곳
수몰되지 않고 살아남은 작은 고추밭
가운데 봉분 하나
오도카니 강을 내려다보고 있다
옆구리는 비어 있어도
누군가의 손길에
자르르 기름이 흐르는 무덤
그 옆 빈자리는 강씨 할머니 차지다
홀로 살아도
어디든지 꼬리 흔들며 따라 나서는 진순이가 있고
심심치 않게 기차 지나가고
제 집 드나들 듯 뒷산 산토끼 텃밭 휘젓고 다녀도
덤덤하게 무덤을 지키는 늙은 소나무
그래도 제 마음은 속이지 못해
밤이면 하얀 달 무동을 타는
외딴집 한 채

열쇠

너는 왕성한 이빨을 자랑한다
단골손님을 가장한 채
내 정수리에다 키를 집어넣고 돌려댄다
고막을 건드리는 마찰음
날선 이빨과 해골이 만나는 철커덕!
톱니처럼 집요한 네 앞에서 열리지 않는 문은 없어
'열려라 참깨' 침 튀기는 알리바이의 바위들

초인종 소리도 없이 입구이면서 출구인 문
언제나 건달처럼 들락거리지만
눈앞에서 야멸차게 잠기기도 하는 문
납골당 서랍 속 항아리에 갇혀버린
한 마리 사냥개처럼 온종일 킁킁거리며
찢어버린 쓰레기통 속 명함들, 영수증들, 너의 퍼즐
어떤 기미를 알아차리고 말문을 닫아걸자
아무리 열쇠를 갖다 꽂아도 저 자물통은 열리지 않는다

나 혼자 열고 닫고, 닫고 여는 동안

바위조차 열어젖히던 기세 쇳가루로 흘러내리고
네 이빨도 하나 둘 빠지기 시작한다
가둘 수 없는 헐렁한 시간들이 먼지처럼 부유하는 방
마침내 이빨들이 몽땅 빠져 열리지 않는 문

봉인된 무덤 앞에서는 열쇠 구멍을 탓하지 말라

항아리 속에 잠든 새

새 한 마리
어둑한 길을 쪼고 있다

온몸을 휘감은 채찍 자국처럼
지워지지 않는 상처
파닥거릴수록 더욱 선명해지는 아픔
피 묻은 부리로 스스로의 심장을 쪼아대지만
상한 날개로는
잠긴 하늘길 열 수 없다
끝없이 추락하는
지상의 길도 함부로 끊어지고 있다

한 번도 날아보지 못한 채 타들어간 여린 날개
새알 하나 부화시킬 둥지 없이
마지막 깃털조차 흩어버린, 마침내
항아리 속에 잠든 새

먼 길 달려온 겨울바람이

항아리를 쓰다듬듯

벽제 하늘을 공회전하고 있다

찔레꽃 무덤

푸른 가시에 에워싸인 저 무덤
향기의 감옥일까
흰나비 한 마리
봉분 속에 다리를 빠뜨리고 있다
빗살무늬 햇살에 홀렸나
한낮의 허기 찔레 순으로 달래던 어린 시절이
무후총(無後塚)을 배회한다
인기척에 놀란 송장메뚜기가 저만치 달아나고
햇빛 눈부신 투망질이 가두는 오월
봉긋한 뱃속에서 봉긋한 젖무덤까지
생(生)의 입덧을 이어준다
이생과 내생을 한 줄로 풀려는지
갑자기 서늘한 강바람 한 줄기 지나간다
찔레꽃 덤불 위로 떠오르는 날갯짓
꽃무덤이 어머니 젖무덤처럼 따스해진다
나는 덤불을 헤집으며 코를 박는다
호르르 떨어지는 꽃잎, 흰 나비가
자꾸만 손짓하며 달아난다

도둑맞은 편지

데모하듯
와– 와– 벚꽃이 진다

보도블록 위로 점자처럼 떨어져 누운 꽃잎
훔치듯 읽으며 바람이 달아난다

흰 지팡이로
더듬거리며 걸어가는 향기의 바다
미처 내가 읽어내지 못한
봄이 띄워 보낸 꽃잎편지

바람만 탓하며 멍하니 서 있다

베틀에 앉아

어머니가 피워낸 목화송이
물레로 무명을 짠다
씨줄 날줄을 걸었다
내가 얹은 실타래는 어머니의 한숨 섞인 세월
주름진 손마디에서 풀려 나온
보릿고개의 허기

나는 무늬를 넣을 수가 없다
봄이면 어김없이 피던
진달래나 개나리꽃 같은 것도
저 피륙에 얹을 수가 없다

허리를 베틀에 묶고
바디를 치고
북을 날라도
내가 짠 무명은 언제나 흰빛이다

세월 속에 묻힌

어머니의 빛깔을 짜낼 수가 없다
시집온 지 열다섯 해
슬픔 같은
뉘우침 같은
그 무늬를 짜 넣을 수가 없다

독도

설움도 깊어지면 돌로 굳어가는가
햇귀 물든 바다 한가운데 섬이 되어버린 사자 한 마리
저 멀리 모질게 돌아누운 한반도를 바라보다
비릿한 파도만 씹어 삼키며 웅크리고 있다
괭이갈매기들이 새청 같은 울음소리로 경계를 허물면
침묵이 침묵을 밀어 올린 피라미드의 정점에서
제 영역 지키려 허공에 발톱 찍고 바람을 물어뜯던 섬
날뛰던 야성이 백두에서 한라까지 호령할 때
낮은 포복으로 섬을 사수하는 사철나무들
겹겹의 생을 끌어안고 태백의 기상을 이어가는
절해고도, 검푸른 동해를 지키고 있다

들끓는 침묵을 연주하는 파도 아래
부르튼 발 지느러미 돋아나고 은비늘 반짝인다
상처로 상처를 깎고 깎아 공룡알 같은 저 몽돌들
부화되지 못한 채 밤이 되면 사자좌에 안착할까
천 개의 발톱과 천 개의 어금니를 삼킨 바다
사자후를 토하며 심해로 뛰어 들어간 한 뿌리 돌섬

아랫도리에 쟁여놓은 불타는 얼음
침묵의 혈맥을 움켜쥔 안용복, 심홍택, 이사부 해산들
해일이 덮쳐도 꿈쩍없는 고요가 야청빛으로 번뜩인다
소용돌이치던 바람이 섬을 휘돌아나간 뒤
유폐된 그리움, 캄캄한 침묵을 박차고 나가 어느새
출렁이는 초원을 내달리고 있다

몽산포 바다

검은 망토를 펄럭이며 마녀들이 밤하늘을 날아다닌다
바다의 문은 빗장이 없어서 닫아도
닫아도 닫히지 않고
밤바람은 끝없이 파도 철썩이는가

빗자루도 없는 나는 저 게들의 인해전술을 당해낼 수가 없다
뇌 속으로 뇌 속으로 행군해 오는지
머리카락에 다닥다닥 달라붙는 게들
아직 성근 그물도 짜지 못해
옆걸음 치던 스물한 살 섬광 같은 눈길을 부딪치며
시커먼 고래 한 마리 심장을 뚫고 지나간다
저 먼 바다의 고래 사냥이 시작된다

얕은 수심을 출렁이며 오늘도 잠들지 못하는 몽산포
부실한 그물에 절망하는 바다
사슬의 끝이 보이지 않는 바다
가슴속에서 키우던 욕심 많은 고래 한 마리

질긴 낚싯줄에 매달려 운다

마음만 먹으면 넘실대는 저 바다의 문 언제든지 꽉 걸어 잠글 수 있는가
거대한 빗장 하나 갖고 싶다

물에 살아도 물새의 날개는 젖지 않는다

하늘바라기로 길게 누운 저 강
가슴으로 흘러드는지
풀피리 소리를 타고
섬집 아이가 오솔길을 따라온다

럭비공처럼 말을 주고받으며
우리들은 날개 잃은 꽃무덤을 지나간다
젖어서 살아있는 것들
바위산이
등을 보이며 돌아누운 오후
신록은 이제 눈이 아프다

바람이 지나가자
바람에 떨어진 꽃잎들
허옇게 떠내려가는 강을 따라
지는 해를 등에 지고
돌아오는 길

>

물에 살아도

물새의 날개는 젖지 않는다

달항아리

불의 혈통도
이제 창백한 전설이 되어버렸나

열두 폭 소복 위로 쏟아지는
처연한 달빛

없는 듯 있는,

너무 비어서 아름다운
텅 빈 도량

해설

녹슬고 싶지 않은 생이므로

신종호(시인)

1. 갇힌 말들의 신음

시집(詩集)은, 몇몇 시인들의 주장(?)에 의해 '시의 집(家)'으로 의미지평이 확장되기도 한다. 그러한 의견은 시를 배열해서 모았다는 '집'(集)의 평면적 뜻보다 '집'(家)의 입체성과 온기에 기대고픈 각별한 심리의 반영일 것이다. 시집에 실린 시편들은 시인이 낳고 기른 고통의 자식들이다. 그러하기에 시집은 '시의 집'으로 이해되는 것이 한편으로 마땅해 보인다. 하여, 한 시인의 시집을 탐독하는 일은 시인에 의해 포획된 일상의 말들이 '어떤 집(현실)'에서 '어떤 표정(의지)'으로 '무슨 꿈(이상)'을 꾸는지를 살펴보는, 즉 그 '집'에 살고 있는

'말들의 움직임'을 면밀히 밝혀내는 여정이라 할 수 있을 것이다.

이진 시인의 첫 시집 『손바닥 위에 지구별을 올려놓고』는 '갇힌 말'들의 들끓는 요동(搖動)이 가득하다. 그것은 '말'[言]과 '말'[馬]의 질주이며, 틈과 구멍을 횡단하면서 현실의 벽을 넘어서려는 의지의 몸부림이다. 그래서 이진 시인의 첫 시집은 서정의 고요보다는 사유의 소란(騷亂)이 앞선다. 그의 소란은 어수선함이 아닌, 꿈을 향한 질주와 모색(摸索)으로 읽힌다. 이진 시인이 세운 '시의 집(家)'은 들끓고 솟구치는 언어와 이미지들로 인해 마치 '도가니' 속을 연상케 한다. 무엇이 쏟아져 나올지 쉽게 예단할 수 없지만 그의 시편들은 도가니처럼 뜨겁고 소란하다. 이런 소란의 맥락을 알랭 바디우(Alain Badiou)의 말에 기대어 설명하자면, "예술 작품과 사유가 주조될 도가니 속에는 뭐라 이름 할 수 없는 불순물들이 주둥이까지 찰랑거리고 있다. 강박 관념들, 신념들, 유치한 수수께끼들, 다양한 곡해들, 다 드러낼 수 없는 기억들, 난독(亂讀), 그리고 적지 않은 바보짓과 몽상들"(『사도 바울』, 새물결, 2008)의 격렬한 부딪힘일 것이며, 꿈과 현실의 경계를 오가며 자기를 돌파하려는 자유의지의 범람일 것이다.

> 견고한 이빨들이 성문(聲門)을 지키고 있다
> 캄캄한 동굴을 헤매는 말들

천장으로 날아오르다가 추락한다
혓바닥 위에 무수한 바늘이 돋고
실어증을 앓는 꽃
비밀의 꽃들이 금고 속에 피어 있다

빗장으로 도배된 벽 앞에 서면
혀가 타들어간다
소리무덤엔 냄새나는 거미줄만 가득해
날뛰는 말의 고삐를 잡고 신음할 때
임금님 귀는 당나귀 귀
쩍쩍 벽에 금 가는 소리 들린다

(중략)

갈기 휘날리며 유목으로 떠도는 말
거품 가득한 말들이
수시로 사막을 들락거린다
천의 얼굴을 가진 말이여
언젠가는 그 변검술에 걸려들 것이다

살아야 하므로
가끔씩 수많은 말들 위에 안장처럼 침묵이 얹힌다

—「갇힌 말」 부분

「갇힌 말」은 이진 시인의 실존적 지향이 무엇인지를 고스란히 보여준다. '견고한 이빨', '캄캄한 동굴', '금고 속', '빗장으로 도배된 벽'으로 표상된 현실은 목구멍까지 차오른 '말[言]'의 욕망을 가로막는 장벽이고, 감옥이다. 그 안에 감금된 '말들'은 천정과 벽에 부딪혀 헤매고, 날뛰고, 추락한다. 분출되지 못한 채 '금고 속'에 갇혀 요동하는 말[言]들의 욕망은 "실어증을 앓는 꽃"으로 비유된다. 그 꽃은 의미화되지 못한 내부의 욕망이며, 외부로 발현되지 못한 비밀을 표상한다. '금고'와 '빗장으로 도배된 벽'의 견고성은 화자의 꿈을 유폐(幽閉)시켜 존재의 거처를 질식의 공간으로 만든다. 이때 실존의 불안과 고통은 '바늘 돋은 혓바닥'과 '타는 혀'의 신체 이미지로 감각화되면서 절망의 강도(剛度)가 극대화된다. "쩍쩍 벽에 금 가는 소리"가 들릴 정도로 요동하는 실존의 몸부림은 "임금님 귀는 당나귀 귀"라고 울부짖는 혼자만의 내밀한 '신음'으로 청각화된다. '거미줄'만 가득한 '소리무덤'은 분출되지 못한 욕망들의 신음이 갇혀 있는 좌절의 공간이며, 언어로 세계를 가로지르려는 자들(시인들)이 감당해야 할 '말의 감옥'이다. 이는 언어로 포착되지 않는 대상을 언어로 포착할 수밖에 없는 시인의 천형(天刑)을 드러내는 것이며, 그러한 운명의 인식은 "종일 되새김질로 짓는 말의 감옥"(「달팽이관이 불안하다」), "푸른 가시에 에워싸인 저 무덤/향기의 감옥일까"(「찔레꽃 무덤」), "서로의 무덤에 갇힌/아름다운 감옥"(「데칼코마니」)이라는 표현에서처럼 '감옥'과 '무덤'의 이미지로 곳곳에 드러난다.

소리의 무덤에 갇힌 말들은 '신음'하면서도 벽을 뚫고 나가려는 비상(飛翔)의 의지를 잃지 않는데, 그 의지는 "갈기 휘날리며 유목으로 떠도는 말"로 형상화된다. '말[言]'을 '말[馬]'로 역동화해서 지상을 박차고 날아오르려는 간절한 염원이 화자의 내면에 도사린 '비밀'의 실체이며, '꿈'의 내막이라 할 수 있다. 그러나 그 비상은 '현실태'(現實態)라기보다는 '언젠가는'이라는 수식에 의해 끝없이 지연되고 유예될 수밖에 없는 '가능태'(可能態)에 가까워 보인다. 그러한 지연과 유예는 '살아야 하므로'라는 현실의 당위(當爲)에서 온다. "가끔씩 수많은 말들 위에 안장처럼 침묵"이 얹히는 순간은 질주를 꿈꾸는 '말[言]'과 '말[馬]'의 고삐를 잡아당기는 단절과 결박의 시간이다. 이진 시인의 첫 시집에 실린 시편들은 꿈을 실현코자 하는 '소란'의 역동과 그 꿈을 지연시키는 '침묵'의 인력(引力)이 서로 대항하고 버티면서 소용돌이처럼 변주된다.

2. 날개와 춤의 몽상

'살아야 하므로'의 당위는 비상의 의지를 잡아당기는 중력(重力)과 같다. 중력은 누구도 피할 수 없는 객관의 법칙이며,

지상의 삶을 강박하는 구속력이다. 시 쓰기의 고통은 비상의 의지와 추락의 예견(豫見)에서 시작된다. 그러한 고통을 시의 영역으로 끌어들일 때, 시의 경향은 서정의 세계로 향하기보다 사유의 세계로 몰입하게 된다. 이진 시인은 "지구의 중력에 이끌려 불시착한 만유인력의 법칙"(「붉고 둥근 행성들」)을 현실의 법칙으로 받아들이면서도 그에 맞서려는 사유를 시종일관 견지한다. 그러하기에 그의 시는 중력의 운명과 비상의 자유가 길항(拮抗)하는 '틈'의 세계를 파고들면서 자신만의 세계를 구축하려는 격전(激戰)의 양상을 보인다. 중력의 세계는 존재의 삶을 "프라이팬 세상에서 계란프라이처럼/뒤집기 한판 못해내고/바닥으로 굴러떨어진 반숙 덩어리"(「시도 안 되는 째깍」)로 만들어버린다. '반숙'의 삶은 날것도 아니고 완전히 익은 것도 아닌, 어중간하고 불완전한 삶을 표상한다. 그 삶은 "단단히 품고 온 모래알들/아직도 부화되지 못한 사연"(「모래편지」)으로 서술된다. 부화(孵化)되지 못한 삶은 날개를 펴지 못한, 즉 날개가 있어도 그 기능을 발휘하지 못하는 불구(不具) 내지는 미완(未完)의 상태를 지시한다. 그러한 상황은 '접힌 날개', '상한 날개', '여린 날개' 등의 표현으로 외화(外化)되지만 종국에는 "거추장스러운 날개 태워버려도 좋으리"(「나방의 꿈」)라는 결단으로 전환된다. 완숙(完熟)이 되지 못한 미완의 삶은 '모래'의 이미지를 통해 표현되기도 한다. "꼭 그러쥐면 쥘수록 흘러내리는 모래 나라"(「샌

드 애니메이션」)에서처럼 시인이 드러내는 '모래'의 의미는 열망하고 움켜쥘수록 멀어지는 욕망의 잔재들과 관련된다.

중력으로부터 벗어나려는 시인의 의지는 "부리로 봉분을 쪼아대더니/야생의 날개를 파닥이며 꼬리를 치켜든다/손아귀 지옥을 박차고/핏빛 하늘로 날아가는 부활의 새"(「유리벽」)로 표현되지만, 그러한 의지의 실현이 결코 용이하지 않다는 것을 "나는 모래를 떠나서는 살 수 없어요"(「모래여자」)라는 고백을 통해 드러낸다. '날개'와 '모래', '자유'와 '구속', '이상과 현실'의 두 극단에서 어느 한쪽에 치우치지 않고 자신만의 존재거처를 마련하려는 시인의 선택은 '마법'과 '춤'의 세계로 발현된다. 마법과 춤은 중력의 세계를 거스르는 최적의 '날개'다. 존재를 비상시키는 날개는 크거나 화려할 필요가 없다. "거추장스러운 날개"는 오히려 방해가 될 뿐이다. 진정한 '날개의 몽상'은 가볍게 하늘을 횡단하는 것이다.

> 엄마가 두 손 맞잡아 그림자오리를 그리네요 아이들 토끼를 놀리고요 엄마는 토끼를 오리라 우기고 아이들은 오리를 토끼라고 우기네요 하얀 실크벽지 위로 뒤뚱 뒤뚱 깡충 깡충 마술벽지 연못이다가도 금방 풀밭으로 변하지요 토끼들이 함부로 풀을 뜯어먹어도 마법에 걸린 풀밭은 상처 받는 법이 없지요
>
> (중략)

룰랄라 시간차 여행 중인 타임머신
정지된 밥솥은 타이머를 잊은 지 오래지요

—「룰랄라 정전」 부분

딱지만 한 가면으로 세상을 다 가릴 거야
손바닥 위에 지구별을 올려놓을 거야
아니, 끝내기 홈런 한 방으로 너를 날려버릴 거야

(중략)

역전의 열망으로 플로어를 돌고 있어
스포트라이트 속 화려한 춤, 그 빛을 타고 올라
꿈도 날개를 퍼덕이고 있어
팡! 팡! 팡! 플래시가 터지고
현란한 소용돌이 속에 다크호스가 떠오르고 있어

—「가면무도회」 부분

마법은 현실의 법칙을 순간적으로 와해시킨다. 비현실적인 것을 현실로, 필연적인 것을 우연으로 전치(轉置)하는 마법은 무겁고 경직된 것들을 가볍게 만듦으로써 생의 활력을 불어넣는다. 시 「룰랄라 정전」은 '정전'(停電)이라는 일상의 예기치 않은 순간이 가져다주는 친밀함과 따스함의 시간을 보여준다. 촛불을 켜놓고 엄마와 아이들이 그림자놀이를 하면서 서로 교감하는 친밀성의 시간은 '정전'이라는 사고(事故)를 마법적으로 향유(享有)하는 놀이의 한 방식이라 할 수 있다. "엄마는 토끼를 오리라 우기고 아이들은 오리를 토끼"라 우겨도 문제가 되지 않는 마법의 시간은 현실의 법칙을 가볍게 해체시켜 새로운 공간을 만들어낸다. '벽지'가 '연못'이 되었다 '풀밭'이 되는 비인과적(非因果的) 연쇄와 '오리'와 '토끼'가 '실크벽지' 위를 "뒤뚱 뒤뚱 깡충 깡충" 뛰어다니는 비현실적 풍경은 '밥솥의 타이머'로 표상된 일상의 시간을 '정지'시키면서 동화(童話)의 세계를 연출한다. "상처 받는 법"이 없는 '룰랄라'의 흥겨운 동화적 세계는 현실의 중력으로부터 벗어난 춤의 세계로 명명해도 전혀 문제가 없을 것이다.

마법의 사유로 현실의 무거움을 해체하는 놀이적 상상력의 구도는 시 「가면무도회」에도 드러난다. '딱지만 한 가면'으로 '세상'을 가리는 것은 작은 것으로 큰 것을 대체(代替)하는, 일종의 마법적 변환이라 할 수 있다. 그러한 대체는 이성적으로 이해될 수 있는 것이 결코 아니다. 현실의 법칙을 뛰어넘는 상상력에 의해서만 이해 가능하다. '손바닥'에 '지구'를 올려놓는 것도 마찬가지다. 상상력은 현실의 경험과 법칙을 뛰어넘고 역전시키는 의식의 자유로운 비상이다. 그런 면에서 상상력은 근본적으로 '춤'의 속성을 지닌다. 시 「가면무도회」의 화자는 '끝내기 홈런 한 방'과 '역전의 열망'으로 '화려한 춤'을 춘다. 춤은 꿈의 '날개'를 퍼덕이게 만들고, '현란한 소용돌이'의 순간이 '다크호스'를 떠오르게 하는 연쇄과정은 '플로어'를 돌다 솟구치는 춤의 역동적 동작과 맞물린다. 화자가 추는 춤은 날개 없이 비상하려는 '날개의 몽상'이며, 그러한 의지는 "잔뜩 움츠린 채 뜨는 하얀 볼레로/누군가의 어깨에 따뜻한 손목처럼 얹힐 날개옷에/남몰래 비원(悲願)을 무늬뜨기 한다"(「무당거미」)는 표현에 춤의 의지를 함의한 '볼레로'와 비상의 염원을 내포한 '날개옷'의 이미지로 드러나고 있다.

3. 떠다니는 우연들

이진 시인이 축조한 '시의 집(家)'은 현실의 하중(荷重)을 거슬러 오르려는 '비원(悲願)'으로 가득하다. 시인의 비원은 '마법'과 '춤'과 '날개'의 의지가 만들어낸 '꿈'과 '비상'의 무늬로 표현된다. "현란한 색깔과 무늬로 치장한 그릇을 보면/제자신도 주체할 수 없는/공허함만 얼룩이 진다/(중략)/사람마다 꿈의 그릇이 있다"(「그릇은 그릇을 안다」)는 성찰의 진술은 진정한 비상이 무엇인지를 '그릇'의 속성을 통해 밝히고 있다. "현란한 색깔과 무늬로 치장한 그릇"은 앞서 밝힌 "거추장스러운 날개"와 그 의미가 상통한다. 현란함과 거추장스러움은 비상을 가로막는 장애물이다. 따라서 그것들은 공허함과 무거움의 속성을 지닌다고 할 수 있다. 시인이 추구하는 진정한 비상은 '나비'의 이미지를 통해 구체화된다. 나비의 비상은 가볍고 경쾌하다. "그래피티 나라엔 나비처럼 가벼운 꿈들이 살죠"(「그래피티」), "시퍼렇게 도열한 창검 위로/흰 나비 한 마리/공중비행하고 있다"(「파밭에서」), "호르르 떨어지는 꽃잎, 흰 나비가/자꾸만 손짓하며 달아난다."(「찔레꽃 무덤」)는 일련의 표현은 한결같이 나비의 가뿐한 비상을 보여준다. 나비의 날갯짓은 무정형의 율동이라는 점에서 새들의 날갯짓과 사뭇 다르다. 수평과 수직의 행로로 날아가는 새들의 비상은 예측이 가능하지만 나비의 비상은 예측이 용이치 않다. 나비의 날갯짓은 우연의 행로이고, 자유의 춤이다. 이진 시인 시편에 '나비'의 이미지가 자주 드러나는 것은 우연과 자유에 대한 동경 때문이라 짐작된다. 그것은 필연과 억압의 현실로부터 벗어나려는 '가벼움에의 의지'라 할 수 있다.

함부로 휘저을수록
더욱더 아름다운

평생을
뿌리도 없이 떠다니는 우연들

물과 기름의 세상
한바탕 뒤섞인다

젖은 도화지마다
무지갯빛 꿈을 띄워

물 위의 소금쟁이처럼
가볍게
가벼웁게

—「마블링」 전문

「마블링」은 이번 시집에 실린 시편들에 내재된 의식의 지향점을 한꺼번에 집약하고 있다. 「마블링」은 언어의 질주, 날개와 춤의 몽상으로 변주되는 의식의 요동, 중력을 거스르려는 비상의 염원, 현실을 돌파하려는 자유의지를 '마블링'(marbling)의 무늬로 융합해서 담아내고 있다. 마블링의 무늬는 시인 스스로가 언급한 "꿈의 그릇"에 주조된 의식의 무늬와 유기적으로 연결된다. 또한 알랭 바디우가 언급한 것처럼 "예술 작품과 사유가 주조될 도가니"의 융합성과도 관련을 갖는다. "함부로 휘저을수록 더욱더 아름다운" 무늬를 만들어내는 '마블링'의 기법은 "뿌리도 없이 떠다니는 우연들"과 "물과 기름의 세상"처럼 분리된 것들을 뒤섞어 "무지갯빛"을 만들어내는 의식의 연금술로 이해할 수 있으며, 앞서 말한 '마법적 사유'와 동일한 맥락을 지닌다 할 수 있다. 여기서 주목할 것은 아름다움을 '우연의 효과'로 인식하는 시인의 사유다. 우연은 가볍고 예측이 불가능한 사건의 파동이다.

'소금쟁이'가 물 위를 떠다니면서 동그란 물결의 무늬를 만들어내는 것은 '가벼운 춤'과 우연의 사건이 만든 미적 효과다. '나비의 춤'이 공기에 파동을 일으키며 가볍게 날아가는 것도 마찬가지의 효과다. 아름다움이란 우연의 효과이며, 자유란 필연의 무거움이 아니라 우연의 가벼움이라는 통찰의 사유가 전제되지 않는다면 「마블링」과 같은 시는 나올 수 없을 것이다. 서두에서 이진 시인의 시들이 서정의 고요보다는 사유의 소란(騷亂)이 앞선다고 언급한 것은 바로 이 때문이다.

이진 시인의 첫 시집을 탐독하면서 통찰의 사유가 관념의 세계로 진입할 경우 향후의 시집이 난해성(難解性)을 드러낼 수 있다는 우려 아닌 우려가 들기도 하지만, 그것이 나의 속좁은 기우라는 것을 "맞으면 맞을수록 아프게 각인되는 속도의 미덕/흙바닥이거나/시멘트 바닥이거나/빙판이거나/시린 발목을 박아놓고/한순간도 멈추지 않고 꼿꼿이 서 있고 싶다/녹슬고 싶지 않은 생이므로"(「팽이」)라는 시인의 단호한 선언이 입증한다. 중심을 잡고, 그 어느 험한 곳에서도 "녹슬고 싶지 않는 생"을 당당하게 구가하기 위해 쉬지 않고 자신의 온몸을 돌리는 '팽이'의 모습은 현실과 응전하려는 의지로 읽힌다. 그 의지를 나는 '회전의 춤'으로 명명하고 싶다. 그 춤은 지금껏 보지 못한 '새로운 춤'의 양상일 것이라는 기대와 확신으로 다음 시집의 활약을 기대해본다.

이 도서의 국립중앙도서관 출판시도서목록(CIP)은 서지정보유통지원시스템 홈페이지(http://seoji.nl.go.kr)와 국가자료공동목록시스템(http://www.nl.go.kr/kolisnet)에서 이용하실 수 있습니다.(CIP제어번호: CIP2018028901)

시인동네 시인선 096

손바닥 위에 지구별을 올려놓고

초판 1쇄 인쇄 2018년 9월 10일
초판 1쇄 발행 2018년 9월 17일
지은이 이진
펴낸이 고영
책임편집 서윤후
디자인 헤이존
펴낸곳 문학의전당
출판등록 제2017-000002호
주소 서울시 마포구 마포대로 11길 91, 3층
전화 02-852-1977 팩스 02-852-1978
전자우편 sbpoem@naver.com

ISBN 979-11-5896-387-3 03810